趙東一

老巨樹展

趙東一
老巨樹展

초판 제1쇄 인쇄 2018. 5. 25.
초판 제1쇄 발행 2018. 6. 1.

지은이 조동일

총무·제작 김양헌
영업·관리 문영준
경영총괄 강숙자

펴낸이 김경희

펴낸곳 지식산업사
등록 1969년 5월 8일, 1-363
 본사 ● 10881, 경기도 파주시 광인사길 53 (문발동)
 전화 (031) 955-4226~7 팩스 (031)955-4228
 서울사무소 ● 03044, 서울시 종로구 자하문로6길 18-7 (통의동)
 전화 (02)734-1978 팩스 (02)720-7900
 누리집 www.jisik.co.kr
 전자우편 jsp@jisik.co.kr

ⓒ 조동일, 2018
ISBN 978-89-423-9044-1 (93650)

책값은 뒤표지에 있습니다.
이 책에 대한 문의는 지식산업사로 해 주시길 바랍니다.

趙東一

老巨樹展

老巨樹讚　　　　　　　　　　八旬青鼓撰而書

나무는 自然이면서 生命이다. 自然이 얼마나 아름답던지
보여주면서, 生命이다 生老病死를 겪기도 한다. 나무 가운데
으뜸인 老巨樹는 죽음이 가까워 오면 더욱 偉大하다. 오랜
歲月과 함께 속이 파이고 겉이 갈라지고 가지가 꺾이면서 存在
의 核心, 琢致의 窮極을 깨달아 知慧로 삼기 때문이다. 老巨
樹에게 陰峻한 世上에서 어떻게 살아야 하는지 묻는 자
리를 여기 마련한다. 아무도 없고 새 한 마리도 날지
않아 안팎이 여려 있는 그림을 모아놓고, 누구든지
내 故鄉이라고 여기고 쉽게 들어갈 수 있게 한다.
老巨樹의 가르침을 받아들여 마음을 깨끗이 하면, 宿世
의 所望인 大悟覺醒이 어떤 境地인지 斟酌으 하리라.

蒼然古色
16 青月 款

年來垂老焉

16青鼓

松香妙音
16 青鼓

高高心曲
16 青鼓

老年新生
15青
鼓

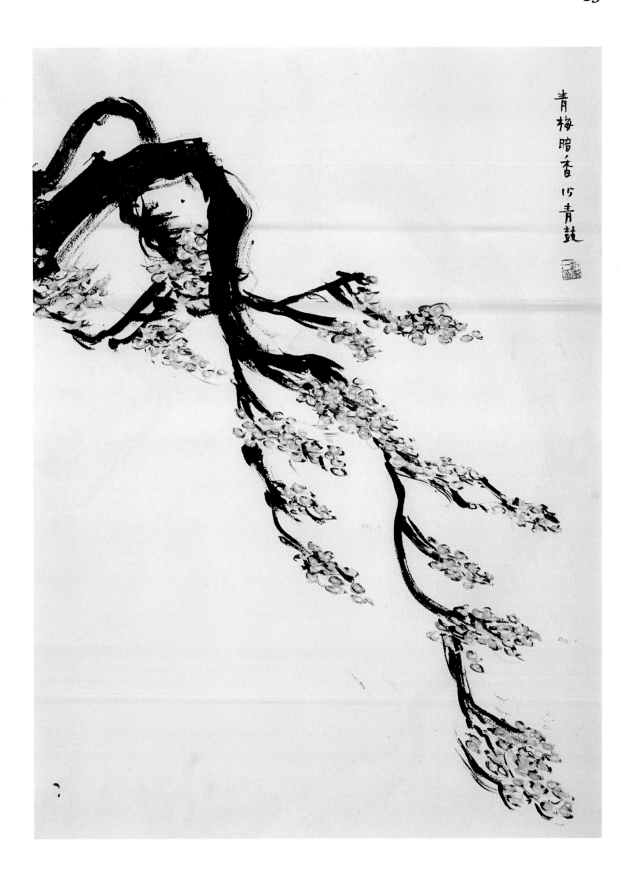

青梅暗香以青鼓

老梅妙花
15 青
藜

山梅孤魂
15 青鼓

古枝新色
15 青鼓

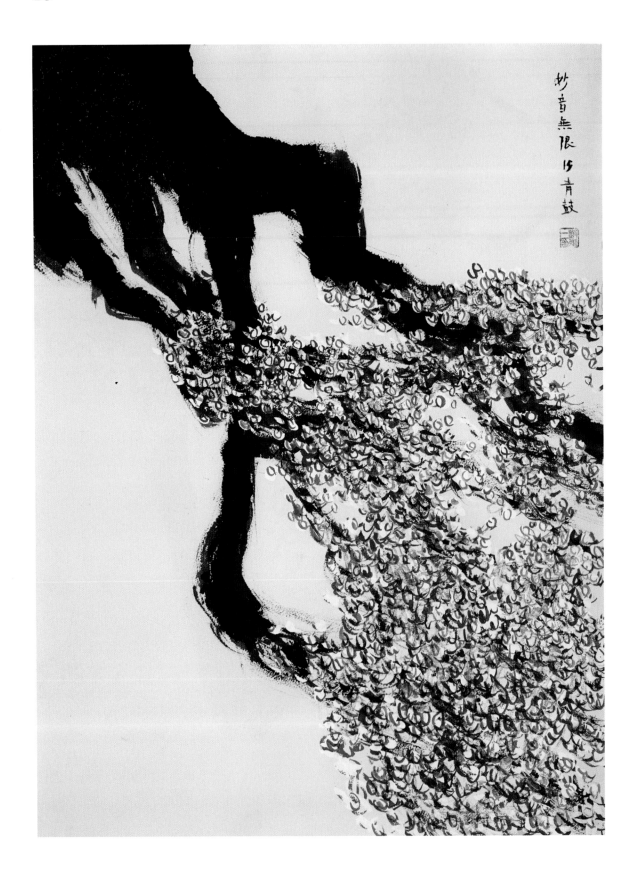

寒山高士
15 青鼓

红梅多情
15 青鼓

野梅幽香 15 青鼓

红梅造化 15 青鼓

仙梅高趣 以青鼓

寒梅高節 15 青鼓

新梅凌寒
15 青鼓

東風神韻
15 青鼓

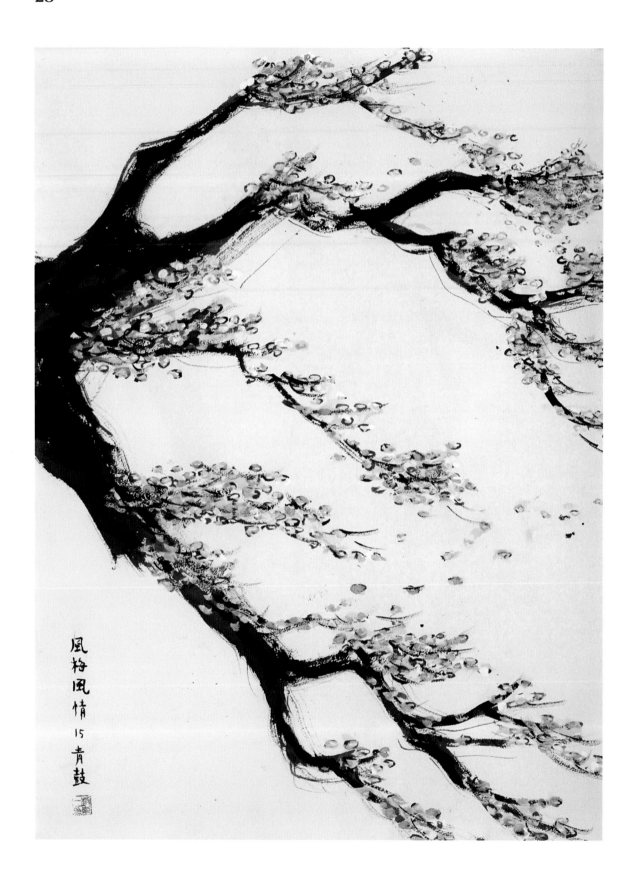

風梅風情
15 青鼓

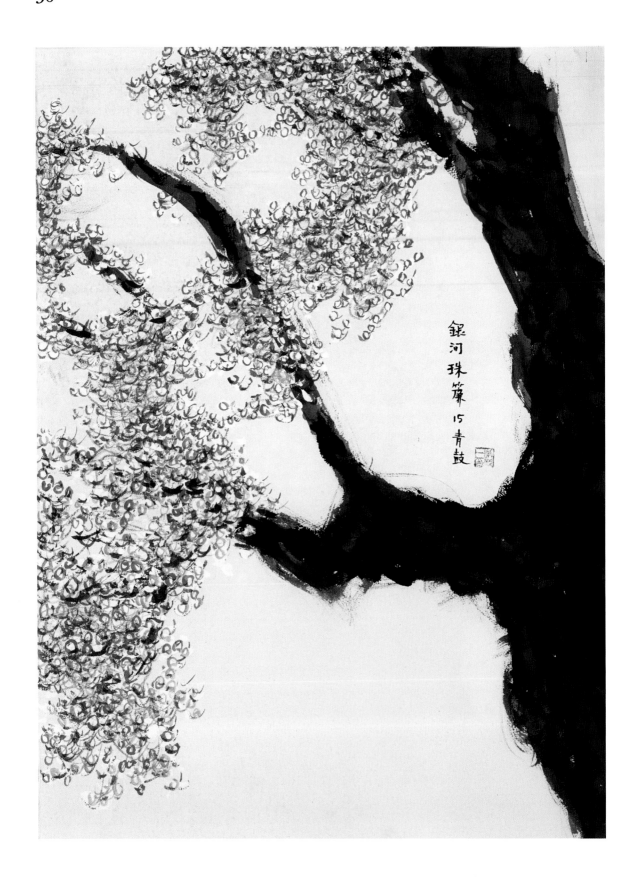

銀河珠簾 15 青鼓

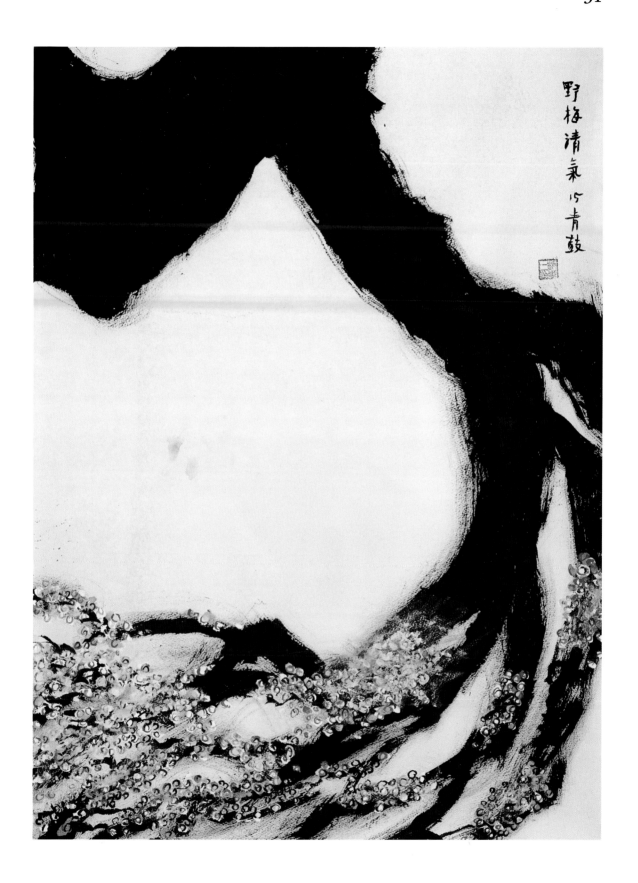

野梅清氣以青鼓

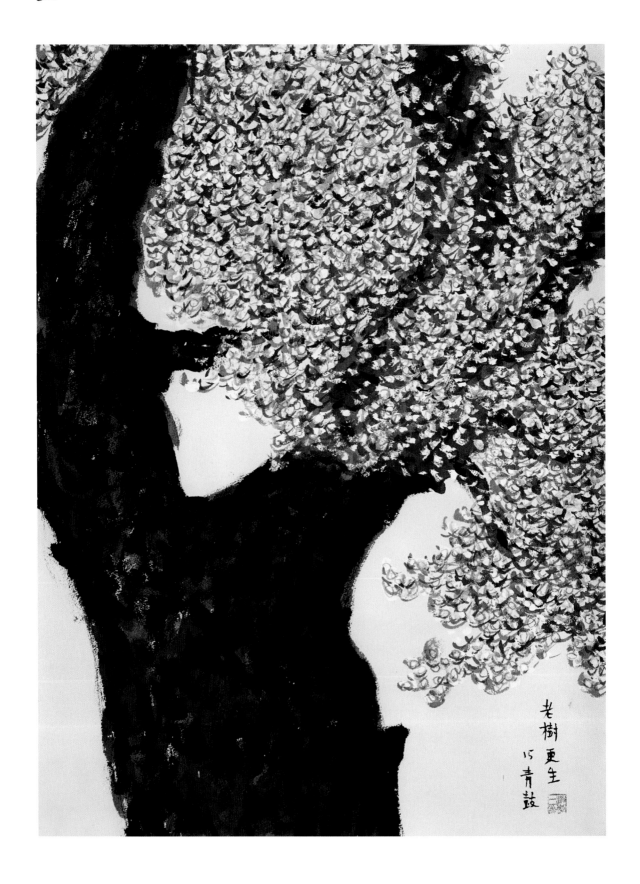

老樹更生
15 青鼓

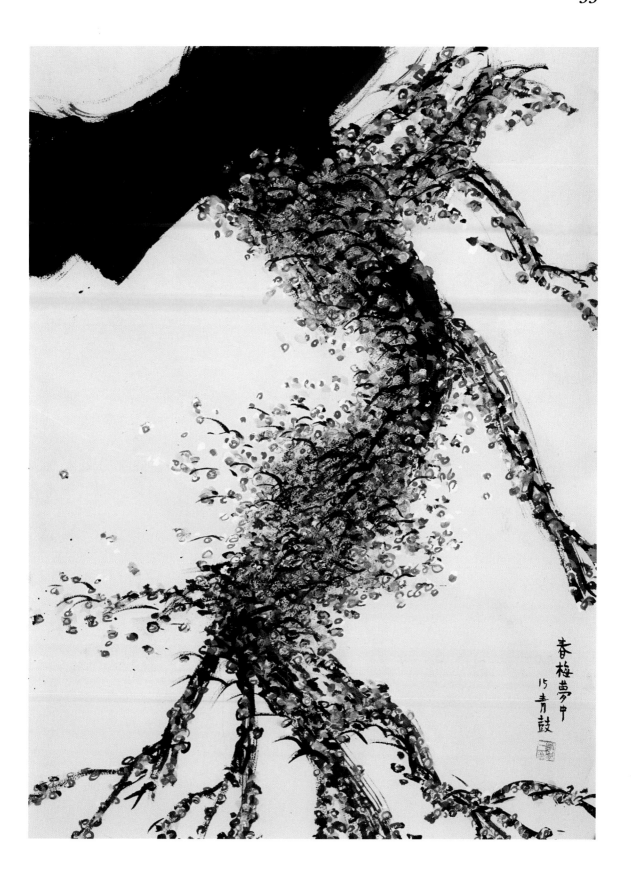

春梅夢中
15 青鼓

枝上浮雲 15 青鼓

芳梅笑春
15青鼓

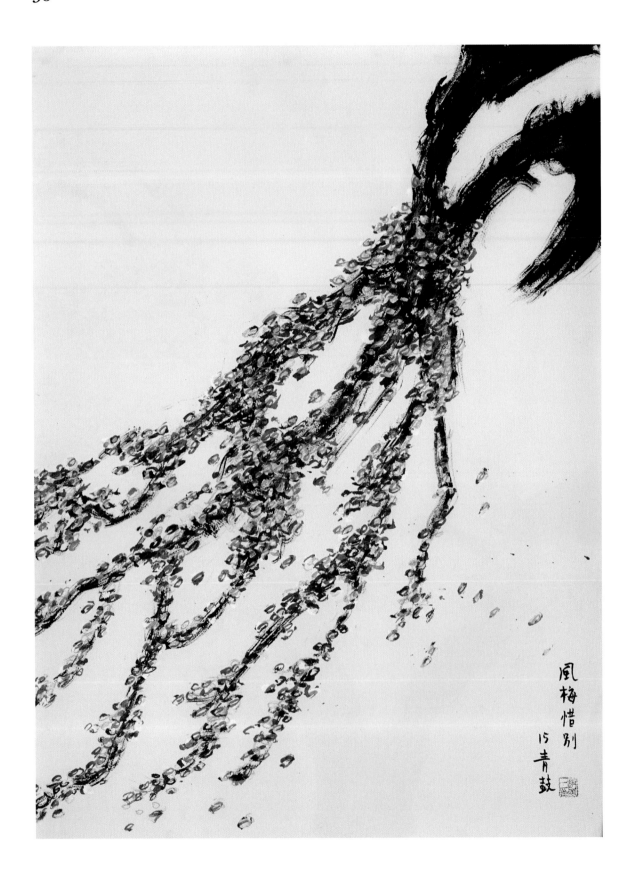

風梅惜別
15 青鼓

春信勤心
17 青鼓

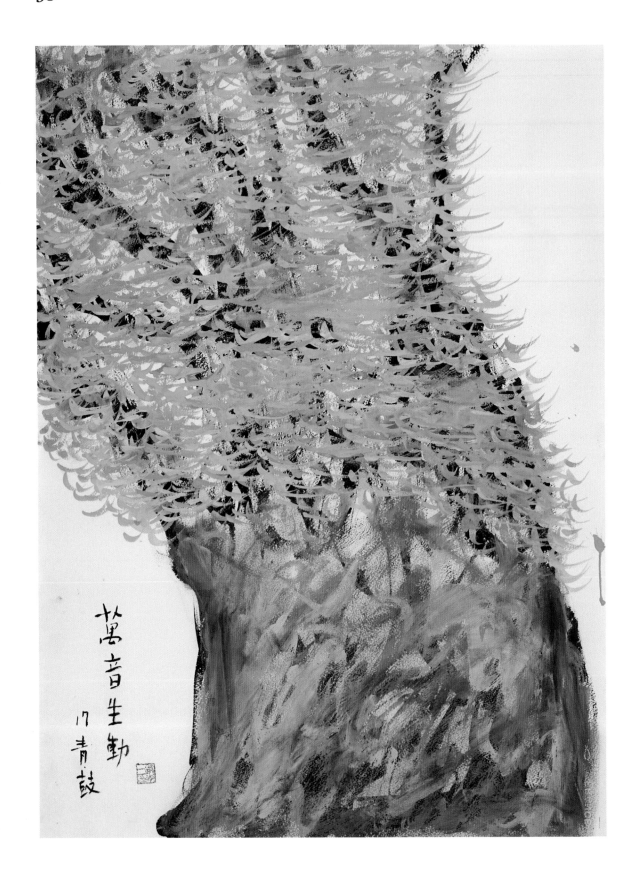

千萬心曲
17青鼓

古今同聲

17 青鼓

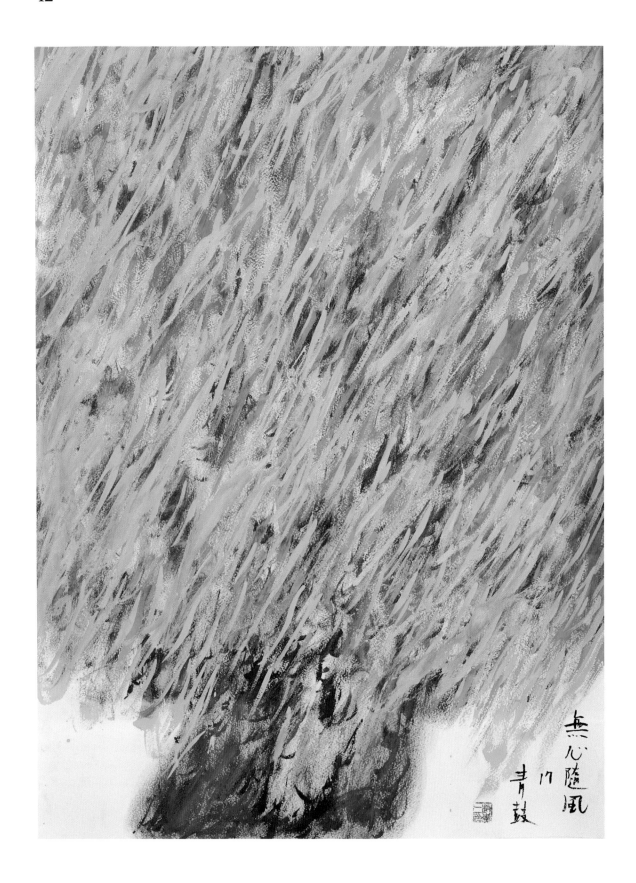

無心隨風
17
青鼓

43

風彈心琴
17 青鼓

風傳古音
17 青鼓

古古高高
17 青鼓

絲絲妙音
17 青鼓

悲風作喜
17青鼓

霜寐求之
17 青鼓

愁去喜來
17 青鼓

心中秋曲 17 青鼓

生生化化 17 青乨

活氣生動
14 青殼

樹上
春歌

16
青
鼓

春日去夏來
17青鼓

夏日至樂
17 青鼓

不忘盛時

17 青穀

生意
荄盛
14 青鼓

方外寒士
16 青鼓

絲絲餘情

16 青鼓

生氣益盛
15 青鼓

綠絲日新
15青鼓

心舞身舞 17 壽鼓

絲絲細情
'14 青鼓

晝夜一念心
14 青鼓

春色又新
14 青鼓

所望無限

14 青鼓

片片逃情
14 青
鼓

言即是也
14 青鼓

千里西風
17青鼓

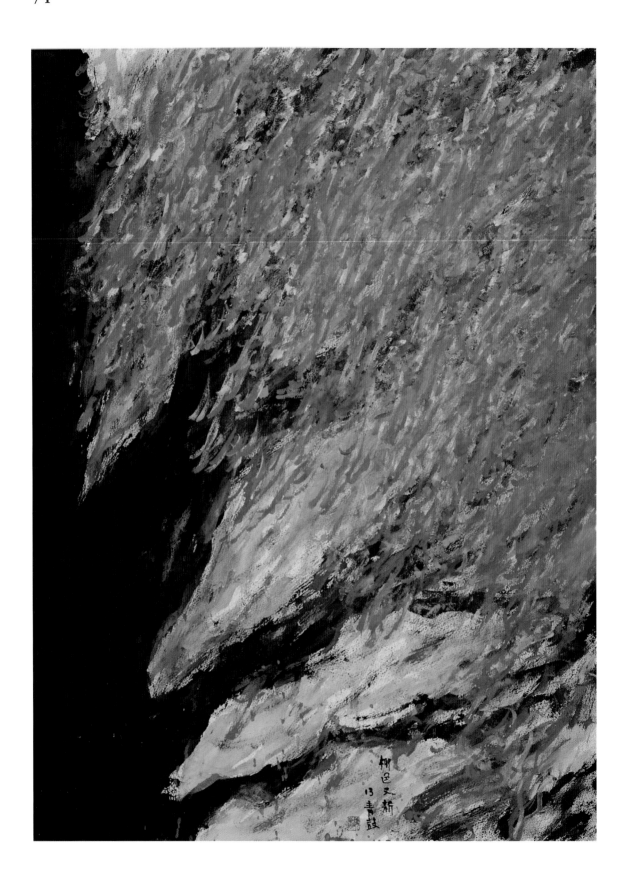

鄉里古木
15 青鼓

寒山高士
15青鼓

時聞古聲
15 青鼓

兩儀互根
15 青鼓

逸士得志
15 青鼓

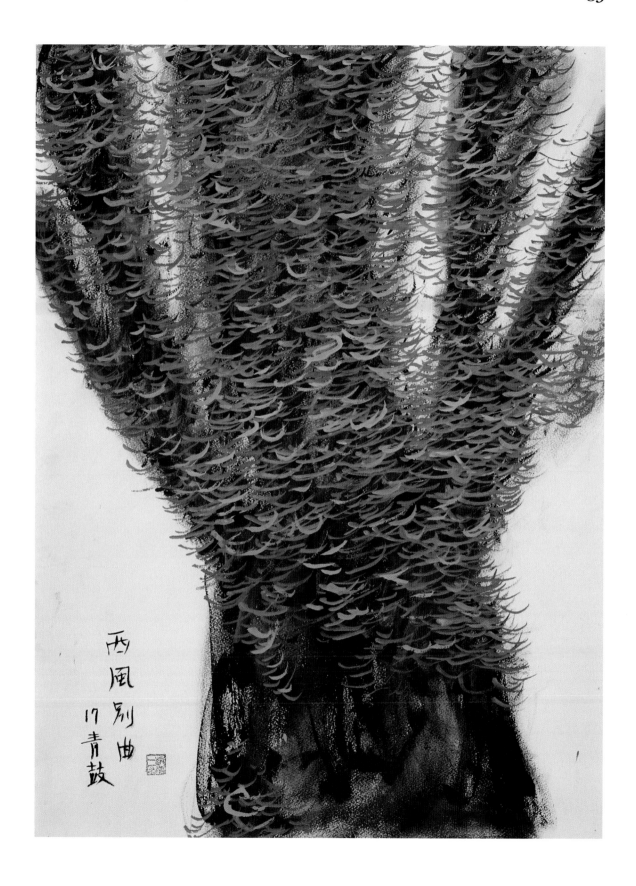

風散葉散
'7 青鼓

心散魂散
17青鼓

形散
氣無
17 青
散
鼓

殘說殘話
17青鼓

殘歌殘舞
17 青月 記

残日残時
17青菽

長樂百年

17 青鼓

年老不退
15 青鼓

樹上夢幻

15 青鼓

紅葉如火　15　青鼓

西風妙音
15青鼓

兩
風神風
17青
鼓

殘姿拒風
14 青鼓

晩秋詩興
16 青鼓

日去月來
17 青鼓

秋深氣清
卜青鼓

流年不歸
16 青鼓

妙妙
造化
青 17
鼓

秋風洗心

竹青鼓

奇骨超逸
16 青鼓

生炎滅炎
17 青鼓

古火火 今火火

門青鼓

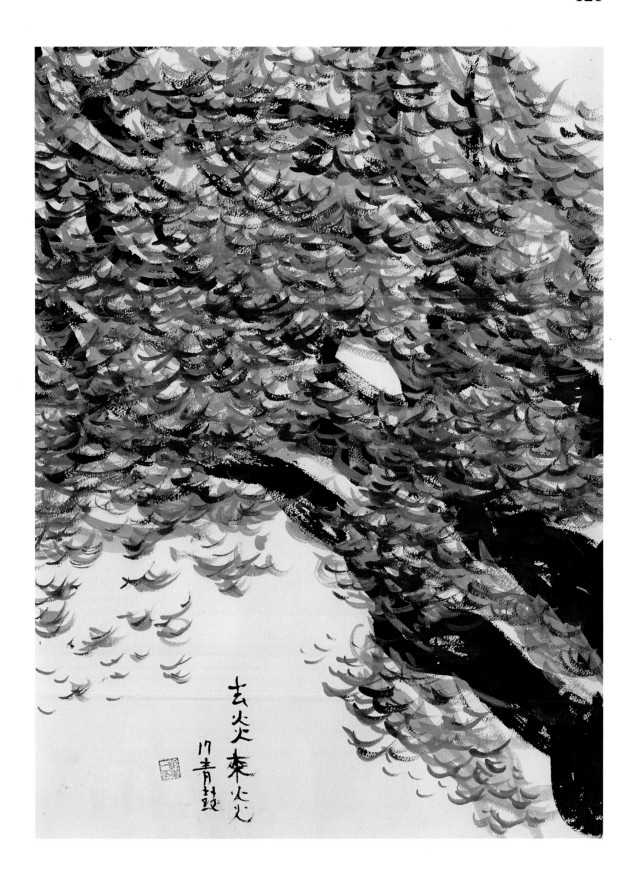

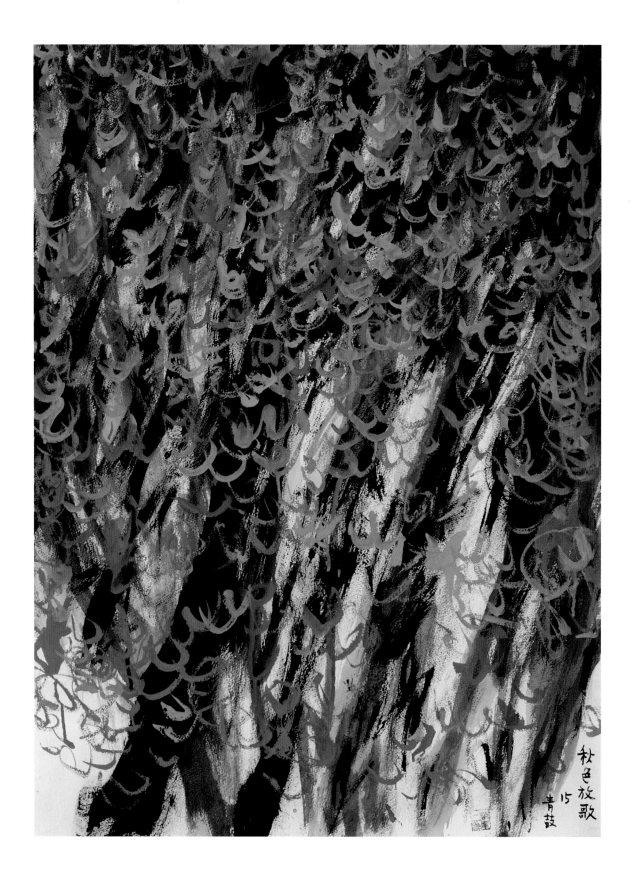

秋色放歌
15
青鼓

古盛今盛·
川青
鼓

外盛内盛

竹青

氣盛力盛
17青鼓

深處景暴炎

17青蚊

無為閑人

17青鼓

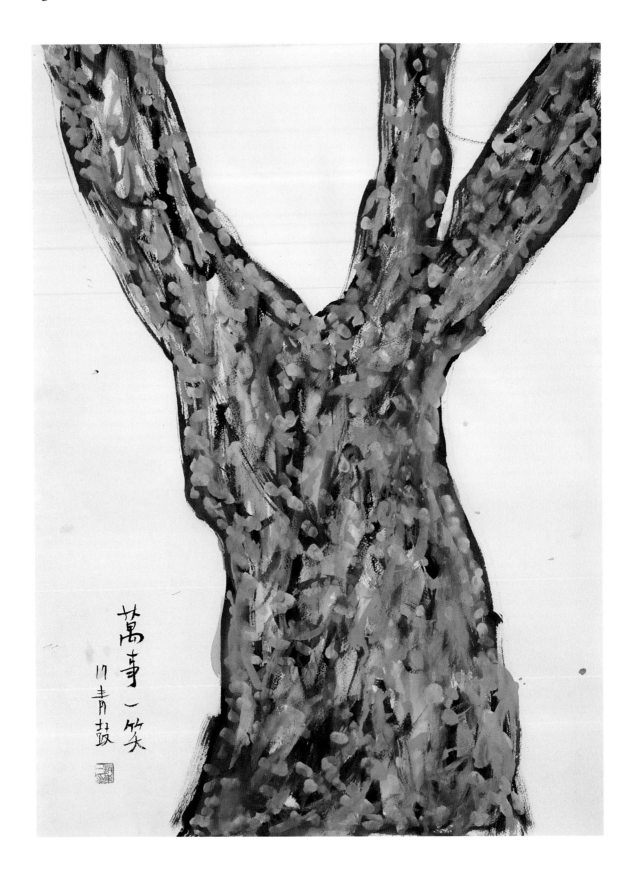

萬事一笑
17青鼓

無言無說
竹青鼓

老來至福

17青鼓

内密情談
17青鼓

生死不二
17 青鼓

鄉里故友

17 青鼓

物心相依

丁青鼓

古意不遠

17青鼓

琴瑟友之
竹青鼓

無冬無夏
17青蔸

中心是悼

竹青鼓

心中秋錄　17青鼓

古情
不忘
仍青鼓

残年生光
川青鼓

五色夢魂
17青月故

同生一處 17 青鼓

不忘故園

17青枝

無形之相
17青鼓

迷
悟
不
二
17青鼓

有
無
不
二
17 青鼓

空即是心
川青鼓

無聲有感
门青鼓

古今同行

17 青鼓

彼
我
同
情

17青鼓

存心修道
17 青鼓

得志和樂
17青
鼓

日日又新

17 青鼓

鶴翔
群舞

14
青鼓

時聞古聲
作青鼓

閑中伴林
16 青鼓

寒山高士 16 青鼓

千古不變 16 青鼓

歡笑忘記歸
16 青鼓

龍飛御天
14 青鼓

烏鵲南行
14 青鼓

鹿鳴破寂
14 青鼓

牛步積功 14 青鼓

絲絲愁心
14 青鼓

樹髪
多情
14
青趚

二友栩生
15青鼓

詩語潤落
14青鼓

真心不動
14 青鼓

各得己當
口青鼓

自問自答
17 青
鼓

心外無物

17 青鼓

所望昇天
何青蚊

忍苦待春

17 青鼓

求道心炎

17 青鼓

狂生放歌 17 青鼓

向天求道
竹青鼓

落木心青

17青鼓

羽化登天

17青鼓

得意 飛翔 17 青蒸

修心活句

川青鼓

天心自發

竹青鼓

直指天道

17青鼓

223

孤魂 不屈

17青月
鼓

物我一心

17 青鼓

知命益壯

門青鼓

至孤至高

可以聞道
旧青鼓

可以歸本

18 青鼓

千古之疑

17青鼓

不知哀樂

竹青鼓

無動無靜

清士如雲
18 青鼓

禪士放下
僧青鼓

仙士天眞
18青鼓

道士觀妙
18 青鼓

學士聞道
18 青鼓

國士深慮
18 青鼓

耕土得喜
18 青
鼓

鄉
士 知
18 青 足
鼓

處士守分
18 青鼓

隱士無處
'8'青鼓

閑
士
知
樂
因
青
鼓

窮士富興

18青鼓

貪士古抹
18青鼓

寒士孤吟
18青鼓

憤士不眠
18青鼓

志士一念

18 青鼓

偉人寂寞 18青鼓

愚心人
不憂
青鼓

名人失友

凡人多友

完人出象
18 青鼓

癡人自足

18 青鼓

道人詭世
18 青鼓

乞人無碍
18
青鼓

貴人得謗

18 青鼓

賤人不降
18 青鼓

仙
人
失　18
鄉　青
　　鼓

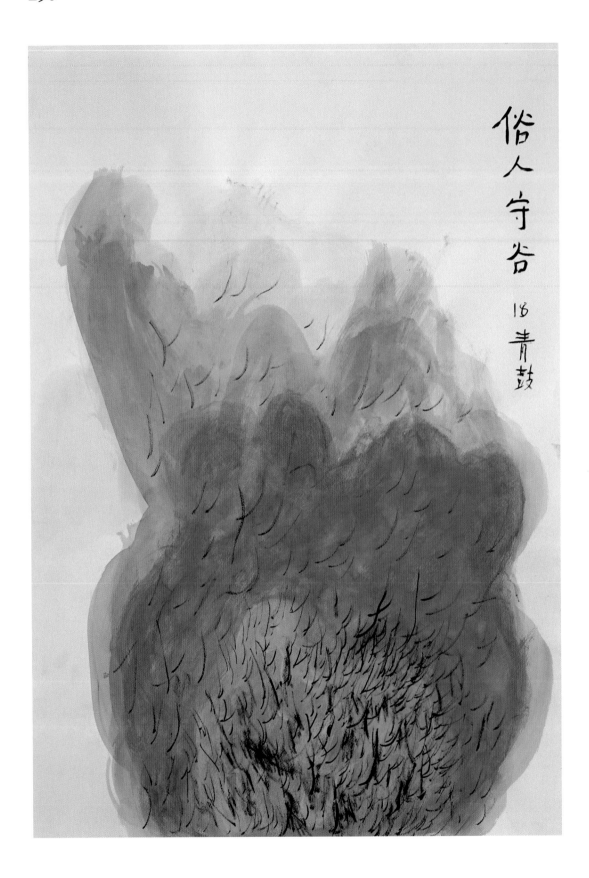

俗人守咎

18 青鼓

才人有名旧青鼓

好人無名
18 青鼓

老人慕春

18 青鼓

詩人惜秋

18青鼓

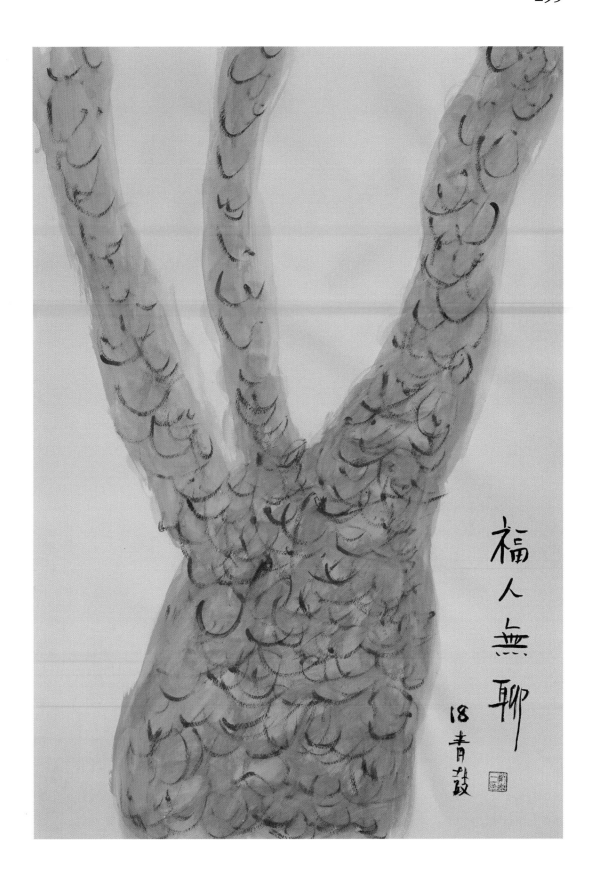

福人無聊

18 青�’ 鼓

浪人無住
18 青鼓

奇人無常

青鼓

義人忘己

18
壬月
鼓 [印]

異人離我

18 青敖

차 례